Unterwegs zur Erstkommunion

Briefe an Paula und Laetitia

Unterwegs zur Erstkommunion

Briefe an Paula und Laetitia

von
**Weihbischof
Dr. Dominikus Schwaderlapp**

Fe-Medien, Kisslegg

1. Auflage 2020
© fe-medienverlags GmbH
Hauptstr. 22, D-88353 Kißlegg

Gestaltung: Renate Geisler
Titelbild: istock
Druck: orthdruk, Bialystok, Polen

ISBN 978-3-86357-243-3

Printed in Germany

Inhaltsverzeichnis

Vorwort zu Paula und Laetitia

Es war im Sommer 2017. Mit Teilen meiner Familie verbrachte ich einige Urlaubstage in der Bretagne. Mit dabei waren auch Paula und Laetitia, meine Großnichten, die damals acht und sieben Jahre alt waren.

Einmal saß ich in der Sonne und las in einem theologischen Buch. Paula fragte mich, was ich lese. Das war nicht ganz einfach zu erklären, aber ich versuchte es, und Paula war sehr verständig. Sie stellte interessierte und kluge Nachfragen. Wir unterhielten uns auch darüber, dass sie mit ihrer Schwester nach den Ferien mit dem Kommunionunterricht beginnen würde. Da kam mir der Gedanke: Wie wäre es, wenn du den beiden als Ergänzung zum Kommunionunterricht einige Briefe schreiben würdest? Inhalt der Briefe sollten einige wichtige Aspekte unseres Glaubens sein – insbesondere natürlich die hl. Eucharistie betreffend. Insgesamt schrieb ich den beiden 10 Briefe. Das Echo war positiv. Die Eltern haben mit den beiden gemeinsam die Briefe gelesen und darüber gesprochen. Auch anderen Kindern und Eltern wurden die Briefe weitergegeben. Daraus ist die Idee geboren, sie zu veröffentlichen. Das Ergebnis liegt nun vor. Die Briefe an Paula und Laetitia habe ich nur leicht überarbeitet, sie haben deshalb einige persönliche Bezüge, die aus ihrer Entstehungsgeschichte zu erklären sind.

Wenn diese Briefe Kindern, Eltern und anderen helfen, den großen Schatz unseres Glaubens als Schatz ihres Lebens zu entdecken, würde es mich freuen. Denn nur dazu wollen sie dienen.

Köln, 22. Oktober 2019
Gedenktag des hl. Johannes Paul II.

+Dominikus Schwaderlapp
Weihbischof in Köln

1. Freundschaft mit Christus

Liebe Paula,
liebe Laetitia,

nach Ostern kommenden Jahres werdet Ihr zum ersten
Mal die hl. Kommunion empfangen. Bald fangt Ihr mit
dem Kommunionunterricht an. Ich freue mich mit Euch,
dass Ihr Euch auf diesen Weg gemacht habt. Denn die hl.
Kommunion zu empfangen, ist etwas Kostbares. Für mich
ist es das Wichtigste, dass ich jeden Tag die hl. Messe feiern und damit auch die hl. Kommunion empfangen darf.

Ihr bereitet Euch monatelang darauf vor. Das ist auch gut
so, denn es geht um ein großes Geheimnis. Überhaupt ist
Gott viel größer und großartiger als wir begreifen können
– auch für uns Erwachsene, auch für mich als Priester und
Bischof, der viel über Gott gelesen und erfahren hat. Doch
Gott hat uns etwas von seinem Geheimnis gezeigt. Wir sagen, er hat sich uns „offenbart" in der Heiligen Schrift und
in dem Menschen Jesus Christus, der zugleich der Sohn
Gottes ist.
Und Jesus hat zu seinen Jüngern gesagt: *„Ich nenne euch
nicht mehr Knechte, vielmehr habe ich euch Freunde ge-
nannt."* Das ist etwas ganz Großartiges. Gott will unser
Freund sein. Er will nicht nur irgendein Freund sein, sondern der beste, auf den wir uns immer verlassen können,

und der immer bei uns ist. Und Jesus freut sich riesig, wenn auch wir seine Freunde sein wollen.

Eure Freundschaft mit Jesus hat begonnen zu einer Zeit, an die Ihr Euch nicht erinnern könnt, nämlich mit Eurer Taufe. Damals haben Eure Eltern stellvertretend für Euch zu Jesus gesagt: „*Wir möchten, dass Paula und Laetitia Deine besonderen Freundinnen sind.*" Und in der Taufe hat Jesus die Bitte Eurer Eltern angenommen.
Mittlerweile seid Ihr alt genug, selbst diese Freundschaft mit Jesus aufzunehmen, mit ihm zu reden – beten nennen wir das – und so zu leben, wie sich das für eine Freundin von Jesus Christus gehört.

Als wir uns im Sommer ein paar Tage in der Bretagne begegneten, kam mir der Gedanke, Euch auf dem Weg zur Erstkommunion von Zeit zu Zeit einen Brief zu schreiben, so wie diesen hier. Um Euch so zu unterstützen, dass der Weg zur Erstkommunion für Euch ein guter Weg wird. Ich will versuchen, Euch Einiges von unserem Glauben an Jesus Christus zu erzählen und zu erklären. Und wenn es zu schwierig ist, was ich Euch schreibe, dann fragt Eure Eltern, die Euch helfen können, das zu verstehen. Selbstverständlich könnt Ihr auch immer mich fragen.

Liebe Paula, liebe Laetitia, so freue ich mich, Euch von Köln aus ein wenig zu begleiten. Natürlich bete ich auch für Euch und für die anderen Kinder, die mit Euch auf dem Weg zur Erstkommunion sind. Für heute soll das erst einmal genügen. Bitte grüßt Eure Eltern und Geschwister herzlich von mir

Euer Großonkel Dominik

2. Heilsgeschichte und Menschwerdung

Liebe Paula,
liebe Laetitia,

mit einem herzlichen Gruß aus Köln melde ich mich bei Euch. Ihr habt zu Hause eine Bibel, sicher auch eine Kinderbibel. Wenn Ihr die aufschlagt, seht Ihr, dass die Bibel zwei Teile hat: das „Alte Testament" und das „Neue Testament". Im Alten Testament geht es um die Geschichte Gottes mit uns Menschen von Beginn an bis Jesus. Im Neuen Testament geht es um Jesus Christus: sein Leben, das Leben mit den Aposteln und der Beginn der Gemeinschaft Kirche, die Jesus gegründet hat. Und am Ende findet sich ein Buch, das in anschaulichen Bildern erzählt, wie Jesus einmal wiederkommen wird.

Schauen wir zunächst auf das Alte Testament. Es beginnt mit der Erschaffung der Welt, die uns in Bildern erzählt wird. Wichtig ist, Gott wollte jemanden haben, den er lieben kann, der aber auch ihn lieben könnte. Das ist der Mensch. Ein Mensch kann lieben, er kann jemanden gerne haben. Gott hat ihm einen Verstand gegeben. Der Mensch kann sich so entscheiden, dies zu tun oder nicht zu tun. Wir nennen das Freiheit. Adam und Eva – diese

Namen hat Gott den ersten Menschen gegeben – lebten ganz in der Freundschaft mit Gott. Gott verschaffte ihnen ein wunderbares Leben. Paradies nennt dies die Heilige Schrift.

Wenn Ihr Euch die Erzählung über das Paradies vorlesen lasst – oder selbst lest – dann erfahrt Ihr, dass sich der Mensch gegen Gott aufgelehnt hat. Er war ihm ungehorsam, und hat deshalb seine Freundschaft verloren, und damit auch das Paradies. Und doch hat Gott den Menschen nicht aufgegeben. Er hat ihm immer wieder seine Freundschaft angeboten.

Da gab es Noah und seine Familie, die er vor der Sintflut rettete. Später dann wählte sich Gott ein Volk aus, dem er seine besondere Freundschaft zeigen wollte, das Volk Israel. Das Volk Israel lebte in Ägypten und musste hart für den König von Ägypten, den Pharao, arbeiten. Dem Volk Israel ging es ganz schlecht. Es wurde unterdrückt, für die Arbeit nicht bezahlt und musste hungern. Da wählte sich Gott einen aus dem Volk aus, dem er sich besonders zeigte: Mose. Der sollte das Volk Israel aus Ägypten befreien und in das „gelobte Land" führen. Und tatsächlich führte Mose das Volk aus Ägypten nach Israel (Ihr könnt Euch das ja mal auf der Karte zeigen lassen, wo das ist). Es lohnt sich in der Bibel die spannende Geschichte der Befreiung des Volkes Israel aus Ägypten zu lesen. 40 Jahre musste es durch die Wüste wandern bis es dann schließlich ans Ziel kam. Immer wieder hat sich auch über die Jahrhunderte hinweg Gott seinem Volk gezeigt und ihm geholfen. Und doch haben sich die Menschen immer wieder von Gott abgewandt und konnten die Freundschaft mit ihm nicht halten, obwohl er immer wieder Menschen wie Mose und andere auserwählte, die in seinem Auftrag das Volk führen und ihm helfen sollten.

Deshalb kam Gott selbst in die Welt. Er wurde ein Mensch. Er wollte als Kind geboren werden, wie wir alle als Kinder geboren werden. Dieses Kind sollte ganz Mensch sein so wie Ihr und ich, aber es war zugleich auch ganz Gott. Und so hat Gott ein großes Wunder gewirkt. Er hat sich Maria ausgesucht, die vielleicht 14 oder 15 Jahre alt war.

Und durch einen Engel hat er ihr gesagt, dass sie Mutter Gottes werden sollte. Maria hat dazu Ja gesagt. Und aus ihr ist dann Jesus Christus, der Sohn Gottes, geboren. Jesus hat eine menschliche Mutter so wir Ihr und ich, aber er hatte keinen menschlichen Vater, sondern nur seinen Vater im Himmel, Gott! Durch ein großes Wunder konnte Maria schwanger werden, ohne mit einem Mann zusammen zu sein.

Weihnachten ist ein ganz großes Fest für uns alle, denn wir feiern das größte Geschenk, dass Gott uns Menschen gemacht hat, dass er seinen Sohn in die Welt geschickt hat. Wir beschenken uns an Weihnachten ja auch deshalb, um daran zu erinnern, welch großes Geschenk uns zuvor Gott gemacht hat.

Jetzt könnt Ihr vielleicht fragen, warum hat Gott das denn so gemacht? Warum ist er nicht einfach mit Blitz und Donner vom Himmel gekommen und hat die Welt wieder neu und die Menschen gut gemacht? Das ist gar nicht so einfach zu beantworten. Dennoch will ich es versuchen: Wenn Gott mit Blitz und Donner gekommen wäre, hätte er unter uns Menschen sicher Angst und Schrecken verbreitet. Doch Gott will uns nicht mit Gewalt und Schrecken sozusagen „besiegen". Er will, dass wir ihn lieben. Das hat schon begonnen mit der Geburt. Ein kleines Kind, das kann man doch nur gerne haben. Denkt nur daran, wie viel Freude Euch Clara immer wieder macht!

Gott wollte uns also ganz nahe sein. Und noch etwas anderes: Gott ist an sich unsichtbar. Wir können ihn nicht anfassen. Deshalb fällt es uns auch schwer, uns Gott vorzustellen. Gott ist Mensch geworden, weil er sich dadurch sichtbar und anfassbar machen wollte. So fällt es uns viel leichter mit ihm in eine wirkliche Freundschaft einzutreten.
Ein Vergleich kann das vielleicht noch ein wenig deutlicher machen: In der Bretagne waren wir zum Beispiel zusammen. Wir haben uns unterhalten. Ich habe Euch zum Beispiel mal aus der Schatzinsel vorgelesen. Ihr habt dazu Fragen gestellt. Jetzt im Moment seht Ihr mich nicht. Durch einen solchen Brief kann ich mit Euch in Verbindung treten, aber einfacher, direkter und schöner wäre ja, wenn wir zusammen wären und ich Euch das direkt erzählen könnte und Ihr direkt Fragen stellen würdet.

Also, Gott wollte uns ganz nah kommen. Deshalb ist er Mensch geworden, in Bethlehem geboren und in Nazareth aufgewachsen, dann ist er durch das Heilige Land gezogen und hat die Botschaft Gottes verkündet, Menschen geheilt und ist am Ende gekreuzigt worden und dann wirklich von den Toten auferstanden. Aber dazu später mehr, für heute soll das erst einmal genügen.

Bis auf bald grüße ich Euch und Eure ganze Familie sehr herzlich

Euer Großonkel Dominik

3. Worte und Wunder

Liebe Paula,
liebe Laetitia,

herzlich grüße ich Euch aus Köln und möchte Euch wiederum über einiges schreiben, was unseren Glauben betrifft. In meinem letzten Brief habe ich Euch über die Bibel berichtet, über das Alte und das Neue Testament sowie über die Geburt Jesu und was das für uns und die ganze Welt bedeutet.

Als Jesus 30 Jahre alt war, begann er in der Öffentlichkeit zu wirken. Das heißt, er predigte, erzählte von Gott und vollbrachte erstaunliche Wunder. Übrigens, es ist ja eigentlich ungewöhnlich, dass Jesus 30 Jahre ganz im Verborgenen gelebt hat. Es heißt nur, dass er als Sohn des Zimmermanns galt. Das heißt, er lebte ganz normal mit Maria und Josef und arbeitete als Handwerker. Wenn Jesus also den größten Teil seines Lebens ganz normal lebte, dann bedeutet dies auch: Das ganz normale Leben mit Arbeit, Beruf und Familie ist für Gott wichtig. Aber ich möchte Euch etwas über das öffentliche Leben Jesu erzählen.

Er zog durch das ganze Heilige Land, um die frohe Botschaft zu verkünden, dass er der Retter ist (Evangelium heißt übrigens übersetzt „Frohe Botschaft). Und diese frohe Botschaft ist: Gott ist in die Welt gekommen. Er will die Menschen retten. Er will sie zu seinen Freunden machen. Er will ihnen alle Kraft geben – Gnade nennen wir das auch –, um wirklich gute Menschen zu sein. Einmal zum Beispiel holte er ein Kind – vielleicht so alt wie Ihr – in die Mitte und sagte allen Erwachsenen: Wenn ihr zu mir gehören wollt, dann müsst ihr sein wie ein solches Kind. Also Euch, liebe Paula und liebe Laetitia, hat er als Vorbilder für uns Erwachsene hingestellt. Warum? Ihr wisst, dass Ihr als Kinder nicht alles selbst könnt. Ihr braucht Hilfe, und wenn Euch was fehlt oder Euch etwas weh tut oder irgendetwas nicht klappt, dann ruft Ihr nach Mama und Papa. Und Ihr habt das Vertrauen, dass Mama und Papa Euch helfen können. Wir Erwachsene tun uns damit schwerer. Wir meinen ja manchmal, wir könnten alles selbst besser als andere. Wir wollen nicht gerne Hilfe annehmen. Aber gegenüber Gott sollten wir so sein, wie Kinder gegenüber ihren Eltern. Wir sollen wissen, dass wir auf Gottes Hilfe jeden Augenblick angewiesen sind, und dass wir diese Hilfe nur erlangen, wenn wir auf Gott vertrauen. Wie groß Gott ist und welche Macht er hat, das hat Jesus in verschiedenen Vergleichen – Gleichnissen – erzählt.

So gibt es zum Beispiel ein ganz kleines Samenkorn. Wenn man das in die Erde pflanzt und es wächst, wird daraus ein riesiger Baum. Seine Botschaft für uns: Wir sind so etwas wie ein solches Samenkorn, und Gott kann aus uns etwas ganz Großes machen. Aber Jesus hat nicht nur davon erzählt, sondern er hat auch durch Wunder gezeigt, dass er Gottes Sohn ist und tatsächlich aus Kleinem ganz Großes machen kann. Einmal war er mit 5000 Leuten zusammen, die am Ende der Begegnung alle Hunger hatten. In der Gegend, wo Jesus die Leute getroffen hat, gab es nichts zu essen. Alles, was diese Leute dabei hatten, waren 5 Brote und 2 Fische. Da hat Jesus ein Wunder gewirkt und Brot und Fische so vermehrt, dass alle satt wurden und 12 Körbe voll Brot übrig geblieben sind. Jesus hat nicht nur vom Reich Gottes geredet und was Gott alles kann und tut, er hat auch gezeigt, dass er wirklich Wunderbares tut.

Ganz am Anfang seines öffentlichen Lebens hat Jesus ein Wunder gewirkt, das gewissermaßen mein Lieblingswunder ist. Das war auf einer Hochzeit in Kana. Kana liegt nur wenige Kilometer von Nazareth entfernt, dort wo Jesus groß geworden ist und als Zimmermann gelebt hat. Mit seiner Mutter und seinen Freunden war er dort eben zu einer Hochzeit eingeladen. Es wurde tüchtig gefeiert, wie das bei einer Hochzeit so üblich ist. Aber irgendwann wurden die Gastgeber nervös. Es zeigte sich, dass der Wein nicht ausreichte und zu Ende ging. Als erste von allen bekam dies Maria, die Mutter Gottes, mit. Sie hat gespürt, wie peinlich das den Gastgebern ist. Und sie wusste auch, so eine Hochzeit zu feiern ohne Wein, das geht gar nicht. Deshalb ist sie zu Jesus gegangen. Sie wusste ja, dass er nicht nur ihr Sohn, sondern auch Gottes Sohn ist. Und sie sagte zu ihm: *„Sie haben keinen Wein mehr."* Nun war das zu einer Zeit, als Jesus noch gar nicht öffentlich unterwegs war. Das sagte er auch zu seiner Mutter. Aber Maria vertraute, dass ihr Sohn schon weiß, was nötig ist. Deshalb ging sie zu den Dienern, die für den Wein verantwortlich waren und sagte zu ihnen: „*Was mein Sohn euch sagt, das tut.*" Tatsächlich kam auch kurze Zeit später Jesus zu diesen Dienern und sagte ihnen, sie sollen die leeren Krüge mit Wasser füllen. Das waren 6 Krüge, die insgesamt 600 Liter fassten. Das ist sehr viel! Die Diener dachten an den Hinweis von Maria und haben tatsächlich die Krüge mit Wasser gefüllt. Damals konnte man nicht einfach einen Wasserschlauch aufdrehen und solche Krüge füllen. Man musste mit kleinen Eimern zu einem Brunnen laufen. Das war ziemlich anstrengend. Vielleicht dachten sich auch die Diener: Komisch, Wasser haben wir doch ohnehin genug, es fehlt doch an Wein. Aber sie haben es getan, weil Jesus es ihnen gesagt hat. Als sie mit der Arbeit fertig waren, sagte Jesus zu ihnen: „Nun gebt den Leuten davon zu trinken." Und als sie das taten, waren die Hochzeitsgäste begeistert, denn es war kein Wasser, sondern ganz köstlicher Wein. Und das Fest konnte froh weitergehen.

An diesem Ereignis kann man gut sehen, was Jesus will, welche Macht er hat, aber auch, dass er uns Menschen mittun lässt. Denn die Diener mussten ja die Krüge mit Wasser füllen. Das Wasser allein nutzte für die Feier nichts, aber damit haben sie geholfen, dass Jesus das große Wunder tun konnte. Und so ist das: Jesus will, dass wir uns anstrengen, dass wir Gutes tun, dass wir Gott und unsere Mitmenschen lieben. Wenn wir das tun, dann vollbringt er ganz große Wunder.

Und nicht zu vergessen: Maria, seine Mutter, spielt dabei auch eine Rolle. Wie sie den Dienern damals den guten Rat gegeben hat: Was er euch sagt, das tut. So erinnert sie auch uns immer wieder daran, was wir tun sollen, was Jesus von uns will. Gleichzeitig aber ist sie für uns eine Helferin bei Jesus. Wir sagen dazu: Sie ist uns eine gute „Fürsprecherin".

Jesus hat noch viele andere Wunder gewirkt und noch viel mehr zu den Menschen gesprochen. Mein Vorschlag: Lasst Euch darüber aus der Kinderbibel vorlesen, oder lest selbst darin. Es ist jedenfalls sehr gut, wenn man ein wenig darüber Bescheid weiß, was Jesus alles getan und gesagt hat, denn er sagt das auch zu Euch und zu mir.

Für heute soll das genügen. Ich grüße Euch herzlich.

Euer Großonkel Dominik

4. Beten

Liebe Paula,
liebe Laetitia,

herzlich grüße ich Euch auf diesem Weg wieder aus Köln. Beim letzten Mal habe ich Euch darüber geschrieben, was Jesus gelehrt und getan hat. Ich habe Euch davon erzählt, dass Jesus, der Gottessohn, in die Welt gekommen ist, weil er unsere Freundschaft will. Wenn Ihr Freundinnen oder Freunde habt, dann könnt Ihr nur die Freundschaft mit ihnen halten, wenn Ihr mit ihnen redet. Ist ja logisch! Eine Freundin, mit der man nie redet, ist keine Freundin. Reden mit Freunden bedeutet ja, man erzählt etwas von sich: Was macht mir Freude? Was macht mich traurig? Wovor habe ich vielleicht Angst? Was macht mir Spaß zu tun und so weiter. Zum Gespräch gehört auch, dass man einander zuhört, sich füreinander interessiert, sich mit-freut und auch mit-traurig ist. So eine Freundschaft schweißt zusammen. Und man hat dann einfach Freude, beieinander zu sein.

Nun möchte ja Jesus mit Euch und mit mir ebenfalls in einer echten Freundschaft leben. Wenn Ihr Euch zum Beispiel für Jesus interessiert, für das, was er gesagt und getan hat für Euch und für uns alle, dann ist das schon ein Zeichen Eurer Freundschaft mit ihm. Und es ist eben wichtig, auch mit Jesus zu reden, ihm von dir zu erzählen. Wir nennen das Beten. Es gibt auch ein paar Gebete, die man auswendig können sollte, zum Beispiel das „Vater Unser", denn das ist ja das Gebet, das Jesus uns selber gelehrt hat. Auch das „Gegrüßet seist du Maria" ist wichtig, denn – wie Ihr ja schon aus der Hochzeit zu Kana wisst – hilft Maria uns, die Freundschaft mit ihrem Sohn Jesus Christus zu halten. Eine Hilfe ist es auch, Tischgebete sowie ein Morgen- und Abendgebet auswendig zu können. Solche geschriebenen Gebete helfen einem auch dann mit Jesus zu sprechen, wenn man vielleicht müde ist oder einem nichts Richtiges einfällt. Sie sind auch wichtig, wenn man gemeinsam mit anderen betet, sonst geht das ja auch gar nicht. Doch das Beten, Sprechen mit Jesus, ist eben noch mehr.

Zum Beispiel könntet Ihr morgens Jesus ganz kurz erzählen, was alles an diesem Tag vor Euch liegt, wen Ihr trefft, was in der Schule passiert, worauf Ihr Euch freut, wovor Ihr Angst habt und so weiter. Und beim Abendgebet kann man dann auch kurz erzählen, wie der Tag gewesen ist. Wofür will ich Jesus besonders Dankeschön sagen? Wofür muss ich ihn um Verzeihung bitten? Was will ich morgen besser machen? Welche Menschen will ich seinem besonderen Schutz und seiner Hilfe anvertrauen? An erster Stelle gehören hierhin natürlich immer auch die Eltern und Geschwister sowie andere Freunde und Verwandte. Übrigens, auch ein Großonkel freut sich, wenn Ihr für ihn betet ☺.

Das Beten muss nicht immer lang sein. Wichtig ist, dass wir täglich beten. Erst dann kann die Freundschaft mit Jesus so richtig wachsen. Ein ganz besonders wichtiges Zusammensein mit Jesus ist die heilige Messe. Aber darüber möchte ich Euch noch einmal extra schreiben.

Im Evangelium steht immer wieder, dass Jesus sich zurückgezogen hat und mit seinem Vater im Himmel gesprochen hat, oft stundenlang, manchmal die ganze Nacht. Und wenn er dann zurückgekommen ist, hat er sich wieder den Menschen zugewandt. Seine Kraft hat er ganz aus dem Gespräch mit dem Vater gezogen. Beten ist nicht immer leicht. Manchmal ist es mühsam. Oft fallen uns gerade, wenn wir anfangen zu beten alle möglichen wichtigen und unwichtigen Dinge ein, die man jetzt eigentlich lieber machen möchte. Lassen wir uns dadurch nicht beirren. Beten lernen bedeutet, immer wieder damit anfangen. Und eines weiß ich sicher, mit jedem auch noch so kleinen Gebet macht Ihr Jesus eine echte Freude. Für heute soll es damit genug sein. Ich freue mich, wenn wir uns bald einmal wiedersehen.

Ich bete für Euch und grüße Euch ganz herzlich!

Euer Großonkel Dominik

5. Tod und Auferstehung

Liebe Paula,
liebe Laetitia,

wiederum grüße ich Euch herzlich aus Köln. Beim letzten Mal habe ich Euch etwas geschrieben über das Gespräch mit Jesus, über das Gebet. Wie wichtig ist es doch, dass Freunde miteinander reden! Deshalb sollten wir auch immer wieder lernen und üben, mit Christus zu reden.

In diesem Brief möchte ich noch einmal zurückkehren zum öffentlichen Leben Jesu. Ich habe Euch ja bereits Einiges geschrieben über seine Worte, seine Wunder und was sie bedeuten sollen. Nun hat Jesus so viel Gutes getan und die Menschen gelehrt, einander zu lieben. Ja, er hat sogar gesagt, wir sollen nicht nur unsere Freunde lieben, das tut jeder, sondern auch die, die nicht gut zu uns sind, unsere „Feinde". Trotz alledem – Ihr wisst das ja – ist Jesus gekreuzigt worden, ist er grausam gequält und umgebracht worden. Wie ist es dazu gekommen?

Zur Zeit Jesu gab es in der Hauptstadt von Israel, in Jerusalem, einen riesigen Tempel. Dort versammelten sich die Gläubigen zum Gebet, und die heiligen Schriften des Alten Testamentes wurden dort vorgelesen und den Leuten erklärt. Die dies gemacht haben, nannte man „Schriftgelehrte". Dazu gab es noch andere Gruppen, die besonders religiös waren, so zum Beispiel die „Pharisäer". Im Neuen Testament werden sie immer wieder erwähnt. Sie wollten ganz genau die vielen Gesetze und Vorschriften, die es damals im Judentum gab, erfüllen. Anführer dieser Gruppen waren die sogenannten Hohenpriester. Sie waren auch die obersten Richter in allen Streitigkeiten, die den Glauben betrafen. Diese „Obersten" wollten Jesus einfach nicht glauben. Sie hatten sich den Messias, den Retter, der schon seit Jahrhunderten vom Volk Israel erwartet wurde, anders vorgestellt. Einige meinten, er käme mit großer Macht und Herrlichkeit und würde das Volk Israel von den Römern befreien, die damals das Land beherrschten.

Jedenfalls konnten sie nicht glauben, dass ein Mann, der als Sohn eines Zimmermanns galt und nicht zu den „Obersten" gehörte, der Sohn Gottes sein sollte. Zudem fürchteten sie um ihre Macht. Denn wenn Jesus der Sohn Gottes sein sollte, hätten sie ja nichts mehr zu sagen. Nun gab es aber sehr viele Menschen aus dem Volk Israel, die Jesus glaubten. Die Lage spitzte sich immer mehr zu. Und deshalb beschlossen sie, Jesus zu töten.

Das wollten sie am liebsten möglichst heimlich tun, damit das Volk nicht aufgebracht würde. Und so suchten sie nach Jemandem, der Jesus verraten würde, damit sie ihn heimlich festnehmen und verurteilen konnten. Wisst Ihr, wer das war, der Jesus verraten hat? Es war einer der zwölf Apostel, der engsten Freunde Jesu. Dem versprachen der Hohepriester und seine Leute Geld, 30 Silberstücke, wenn er ihn verraten würde. Judas tat das. Warum er das tat, ist schwer zu sagen. Vielleicht meinte Judas auch, dass Jesus mit Gewalt das Volk Israel von den Römern befreien würde. Und wenn er einmal verhaftet wäre, dann würde er seine Macht zeigen, damit alle Leute sehen: Er ist der Sohn Gottes! Doch Jesus wollte das gar nicht. Er wollte keinen Krieg gegen die Römer führen. Jesus wusste, dass man ihn umbringen wollte und freiwillig wollte er das ertragen, was man mit ihm vorhat. Freiwillig hat er den Verrat, die Verurteilung und seine Kreuzigung ertragen und ist gestorben.

Aber das war nicht das Ende. Am dritten Tag ist er auferstanden von den Toten. Er hat den Tod besiegt, weil er nicht nur Mensch, sondern auch Gott ist. Die Bosheit der Menschen und ihre Hartherzigkeit haben ihn in den Tod getrieben. Aber er hat sich stärker als alle Bosheit und Hartherzigkeit der Menschen erwiesen. Er hat damit gezeigt, Gott ist stärker als Tod und Sünde. Jesus hat dies für Euch und für mich und für alle Menschen getan. Dadurch ist auch für uns der Tod nicht das Ende, sondern es wartet der Himmel auf uns. Und dadurch hat er auch Euch und mir und allen Menschen die Kraft geschenkt, stärker als das Böse zu sein, wirklich gut zu sein. Deshalb ist für uns Jesu Tod und Jesu Auferstehung das wichtigste Ereignis, das in der Welt stattgefunden hat. Deshalb haben wir auch in unseren Häusern und Wohnungen Kreuze, die uns daran erinnern, was Jesus für uns getan hat. An Ostern feiern wir das ganz besonders. Wir versuchen dann ein wenig nachzuerleben, was in den Tagen von Tod und Auferstehung Jesu geschehen ist.

Wie war das nun genauer mit Tod und Auferstehung? Es gab ein großes Fest der Juden, das „Pascha-Fest". Das haben die Juden jahrhundertelang Jahr für Jahr gefeiert, um daran zu denken, wie Gott sie aus Ägypten befreit hat. Am Beginn dieses Festes feierte Jesus mit seinen Jüngern das letzte Abendmahl (Was es damit auf sich hat, darüber möchte ich Euch später nochmal genauer schreiben). Und nach diesem besonderen Mahl ging er mit seinen Jüngern etwas außerhalb von der Stadt Jerusalem in einen Garten, der Gethsemane heißt. Dort war Jesus häufiger mit seinen Jüngern. Da Jesus eben auch Gott war, sah er, was alles auf ihn zukommt. Und er hatte Angst. Er hat geweint und gebetet, dass der Vater ihn davor verschont. Aber er hat dann auch ganz dem Vater vertraut und gesagt: *„Nicht mein, sondern dein Wille geschehe soll geschehen."* Kurze Zeit später kam dann Judas mit den Soldaten des Hohenpriesters und die verhafteten ihn.

Schnell wurde dann der „Hohe Rat" zusammengerufen. Das waren ungefähr 70 Leute, die den Hohepriester unterstützten. Sie verurteilten Jesus zum Tode, weil er von sich bekannte, dass er der Sohn Gottes ist. Sie meinten, das sei Anmaßung, das heißt, er behaupte Gott zu sein, obwohl er es nicht ist. Sie beschimpften ihn deshalb, er sei ein „Gotteslästerer". Nun konnten die Juden zur damaligen Zeit kein Todesurteil fällen. Das durften nur die Römer. Also brachten sie Jesus vor Pontius Pilatus. Der war damals der Vertreter des römischen Kaisers in Jerusalem. Pilatus verhörte Jesus und merkte, dass er unschuldig ist. Doch der Hohepriester und seine Leute setzten ihn unter Druck. Und weil er am Ende keinen Ärger haben wollte, gab er den Befehl, Jesus zu kreuzigen. Der Tod am Kreuz ist eine ganz grausame Angelegenheit.

Jesus hat wahnsinnig viel gelitten. Die Jünger bekamen es mit der Angst zu tun und sind geflohen und haben sich versteckt. Aber es waren auch einige, die bei Jesus blieben, bis er am Kreuz gestorben war, allen voran Maria, die Mutter Gottes und Johannes, einer der Apostel und andere. Am Ende gab es auch einen von den Leuten des Hohenpriesters, der doch noch zum Glauben an Jesus gefunden hat: Josef von Arimathäa. Es sorgte dafür, dass Jesus in ein Grab gelegt wurde, das eigentlich für ihn selbst bestimmt war.

Nun dachten der Hohepriester und seine Leute, mit dem Tod Jesu sei endlich alles vorbei. Doch das Gegenteil war der Fall. Am dritten Tag nach der Kreuzigung ist Jesus von den Toten auferstanden. Die Jünger konnten das erst gar nicht glauben. Es hat einige Zeit gedauert: Jesus ist ihnen erschienen, er hat sich ihnen gezeigt und mit ihnen geredet. Und dann endlich kamen sie zum Glauben. 40 Tage lang war Jesus noch auf der Erde und begegnete seinen Jüngern immer wieder. Dann ist er zu seinem Vater heimgekehrt. Wir feiern das am Fest „Christi Himmelfahrt". Danach beteten sie, dass Gott ihnen Kraft gebe, und das tat er. Gott gab ihnen die Kraft des Heiligen Geistes. Das feiern wir an Pfingsten. Und dann zogen sie in alle Welt und verkündeten die Frohe Botschaft, dass Jesus - für uns gekreuzigt - von den Toten auferstanden sei, und dass er alle Menschen zu seinen Jüngern machen möchte, dass durch die Taufe wir ein für alle Mal zu Jesus gehören, und nach unserem Tod die Freude des Himmelreiches auf uns wartet. Später haben dann die Apostel Nachfolger bestimmt. Das sind die, die wir Bischöfe und Priester nennen. Aber Jesus hat nicht nur seine Apostel beauftragt, seine Botschaft zu verkünden, sondern alle Getauften. Und so wird das Evangelium bis in die heutige Zeit verkündet. Und deshalb sind auch wir Christen geworden.

Liebe Paula, liebe Laetitia, der Brief ist nun etwas länger geworden. Aber Tod und Auferstehung Jesu, das ist das Wichtigste unseres Glaubens überhaupt. Das, was ich Euch geschrieben habe und was Ihr auch im Neuen Testament findet, das ist kein Märchen, sondern das ist wirklich geschehen. Und deshalb dürfen wir froh sein, denn egal, was passiert, auch wenn es in der Welt viel Böses gibt, Jesus ist stärker! Und selbst der Tod muss uns keine Angst mehr machen, denn danach wartet der Himmel auf uns. Ist es nicht schön, dass zu wissen. Nun ist aber für heute wirklich Schluss.

Ich grüße Euch, Eure Eltern und Geschwister sehr herzlich und verbleibe auf bald

Euer Großonkel Dominik

6. Warum das Kreuz?

Liebe Paula,
liebe Laetitia,

erneut grüße ich Euch herzlich aus Köln. In meinem letzten Brief habe ich Euch über Tod und Auferstehung Jesu geschrieben, und wie wichtig das für uns alle ist. Vielleicht fragt Ihr Euch: Warum musste denn Jesus am Kreuz sterben? Warum musste er so viel leiden? Hätte Gott nicht auf andere Weise den Tod, das Böse und die Sünde besiegen können? Ja, er hätte das bestimmt gekonnt, aber er hat es so gewollt. Warum, das ist gar nicht so leicht zu verstehen. Viele Gelehrte haben sich in allen Jahrhunderten darüber den Kopf zerbrochen, warum das denn so gewesen ist, warum Gott das wollte. Auch wenn das etwas schwierig ist und vielleicht auch zu schwierig für Euch, will ich dennoch versuchen, es ein wenig zu erklären.

Stell Dir vor, Du hast etwas angestellt. Du hast irgendjemandem sehr weh getan. Und jetzt siehst Du ein: Das war nicht gut. Ich hätte das nicht machen dürfen. Du möchtest das irgendwie wieder gut machen. Du möchtest, dass alles wieder in Ordnung kommt. Damit dies geschehen kann, ist es wichtig, dass Du spürst: „Es tut mir *leid*, dass ich das getan habe." Das heißt, es tut mir weh, wenn ich daran denke, was ich da gemacht habe. Wenn es Dir nicht leid tun würde, es Dir nicht irgendwie im Herzen weh tun würde, würdest Du ja gar nicht einsehen, das da etwas nicht in Ordnung war. Jesus selbst hat niemals etwas Böses getan. Aber viele Menschen haben Böses getan und tun dies auch bis heute. Stellvertretend für alle Menschen aller Zeit haben Jesus alle Sünden, alles Böses buchstäblich „leid" getan. So hat er durch sein Leiden dem Vater im Himmel gezeigt: *„Mir tun die Sünden aller Menschen leid. Durch mein Leiden trage ich diese Sünden. Die Menschen können diese Sünden nicht tragen. Das ist zu schwer für sie. Ich trage sie stellvertretend für sie. Durch mein Leiden, mein Sterben und meinen Tod am Kreuz."* Da der Vater im Himmel immer ganz mit seinem Sohn zusammen war, ist und bleibt, hat er in etwa gesagt: *„Ja, ich verzeihe den Menschen. Du mein Sohn hast sie durch dein Leiden von dieser schweren Last des Bösen und der Sünde befreit. Und wie ich dich vom Tod befreit habe durch die Auferstehung, so schenke ich auch den Menschen ein neues und ewiges Leben. Das Einzige, was sie tun müssen, ist glauben und das Geschenk meiner Freundschaft annehmen."*

Jesus hat Sünde und Tod getragen und damit besiegt. Das ist sein großes Geschenk, an jeden von uns.

Wenn Du ein Geschenk zum Geburtstag, Namenstag oder Weihnachten erhältst, dann ist das etwas sehr Schönes. Aber dann kommt es auf Dich an, dass Du das Geschenk auspackst und es nutzt. Stell Dir vor, Du bekommst zum Beispiel das beste Fahrrad der Welt. Aber Du lässt es eingepackt in der Ecke stehen, dann nützt es nichts. So ähnlich ist es auch mit diesem großen Geschenk Gottes, das wir „Erlösung" nennen. Wir können es in der Ecke stehen lassen, uns nicht dafür interessieren. Das wäre eine große Dummheit. Als Christen wollen wir uns bemühen, dieses große Geschenk zu nutzen. Das tun wir, wenn wir uns bemühen als Freunde Gottes zu leben.

So, das soll zu diesem schwierigen Thema genügen.

Bis zum nächsten Mal grüße ich Euch sehr herzlich!

Euer Großonkel Dominik

7. Versöhnung und Beichte

Liebe Paula,
liebe Laetitia,

herzlich grüße ich Euch aus Köln. In den vergangenen Briefen habe ich Euch eine ganze Menge Dinge erzählt und zu erklären versucht, was für unseren Glauben an Jesus Christus wichtig ist. Dabei ging es auch darum, dass Jesus durch seinen Tod und seine Auferstehung alle Sünde, alles Böse hinweg nimmt und uns die Kraft gibt, ihn zu lieben und unsere Mitmenschen. Und dieses Geschenk hat er nicht einfach der ganzen Menschheit geschenkt, sondern er will es jedem Einzelnen schenken, auch Euch und mir. Ganz besonders geschieht dies in der Beichte. Die Beichte ist der Ort, an dem Jesus Euch und mir, jedem einzelnen sagt: *„Alles ist wieder gut!"* Ich möchte versuchen, Euch das etwas genauer zu erklären.

Nach seiner Auferstehung hat Jesus den Aposteln gesagt: *„Wem ihr die Sünden vergebt, dem sind sie vergeben; wem ihr die Vergebung verweigert, dem ist sie verweigert."* Das heißt, die Apostel sollen in seinem Auftrag Sünden vergeben. Die Apostel leihen sozusagen Jesus die Stimme, damit durch sie den Menschen vergeben wird. Genau das geschieht heute auch in der Beichte. Der Priester, der die Beichte hört, handelt im Auftrag und Namen Jesu. Was Ihr ihm in der Beichte sagt, ist so als hättet Ihr es Jesus selbst gesagt. Unter keinen Umständen darf der Priester gegenüber irgendjemandem etwas davon erzählen. Wir nennen das „Beichtgeheimnis". Ein Priester, der dieses Beichtgeheimnis brechen würde, würde sofort und auf der Stelle aus der Kirche ausgeschlossen. Der Priester aber leiht Christus nicht nur das Ohr, indem er anhört, was jemand beichten möchte. Er leiht Christus auch die Stimme. Im Auftrag Jesu nimmt er Dir die Sünden weg, wenn er sagt: *„Ich spreche dich los von deinen Sünden. Im Namen des Vaters und des Sohnes und des Heiligen Geistes. Amen."* Und dann kann man richtig froh und frei wieder rausgehen, weil Jesus alles, was nicht gut war, weggenommen hat. Es braucht mich nicht mehr zu belasten und zu bedrücken.

Wie geht das aber nun genauer? Also, zunächst ist es gut und wichtig, sich zu überlegen: Was war denn eigentlich nicht gut, was habe ich an Bösem getan oder auch an Gutem unterlassen? (Im Gotteslob gibt es unter der Nummer 597 eine Hilfe für Kinder das eigene „Gewissen zu erforschen"). Dann geht man zu dem Priester, bei dem man beichten möchte. In der Regel ist das in einem sogenannten „Beichtstuhl". Eure Eltern können Euch in einer Kirche einen solchen einmal zeigen und erklären. Man kann aber auch außerhalb des Beichtstuhles beichten. Dann sitzt man sich gegenüber.

Wie auch immer, zunächst geht man zu dem Priester, macht das Kreuzzeichen und sagt „In Demut und Reue bekenne ich meine Sünden." Damit willst Du etwa sagen: Es gab da etwas, was nicht gut war. Das tut mir leid. Ich brauche die Hilfe Gottes und deshalb sage ich jetzt alles, damit Gott mir alles wegnimmt, was nicht gut war. Danach sagst Du die Dinge, die Du Dir überlegt hast. Wenn Du nicht genau weiter weißt, kannst Du auch ruhig den Priester fragen. Er wird Dir gerne helfen. Wenn Du fertig bist, dann sagst Du am besten: *„Das sind meine Sünden, und was ich vergessen habe, das schließe ich mit ein."* Das ist ganz wichtig. Du brauchst Dir keine Sorgen zu machen, wenn Du etwas vergessen hast und es Dir später einfällt. Alles ist damit in die Beichte eingeschlossen. Der Priester wird danach etwas zu Dir sagen. Vielleicht Dir einen Rat geben, eine Hilfe, einen Tipp, was auch immer. Zur Beichte gehört ja auch, dass man das, was man getan hat, nicht wieder tun möchte. Und als Zeichen, dass man das ernst nimmt, gibt der Priester Dir eine sogenannte „Buße" auf. In der Regel ist das irgendein Gebet. Und dann kommt das Entscheidende. Der Priester gibt Dir, wie eben geschildert, die „Lossprechung", das heißt alles ist vergeben und du kannst neu anfangen!

Liebe Paula, liebe Laetitia, ich finde, die Beichte ist eines der größten Geschenke, das Jesus uns hinterlassen hat. Wenn mich etwas bedrückt und belastet, kann ich mir das buchstäblich von der Seele reden. Ich brauche keine Angst zu haben, dass der Priester das irgendjemandem weitererzählt. Und dann kann ich mir nicht nur denken, dass Gott mir vielleicht verzeiht, sondern ich höre es:

„Ich spreche dich los …" Alles Ungute ist dann weg! Jesus schenkt mir neu seine Liebe und seine Kraft, damit ich ein wenig besser in die Zukunft gehen kann. Und dieses Sakrament kann ich immer wieder empfangen. Ihr werdet bald das erste Mal zur heiligen Beichte gehen. Ihr könnt Euch darauf freuen, denn es ist ein großartiges Geschenk.

Für heute soll das genügen. Und so grüße ich sehr herzlich Euch, Eure Eltern und Geschwister!

Euer
Großonkel Dominik

8. Heilige Eucharistie – wirklich Jesus!

Liebe Paula,
liebe Laetitia,

herzlich grüße ich Euch mal wieder aus Köln. Ich habe Euch in meinen letzten Briefen schon so viel über Jesus erzählt, und was er für uns alle getan hat. Ich habe Euch zu erklären versucht, wie schön das Geschenk der Beichte ist. Und nun möchte ich mich mit Euch dem eigentlichen Ziel Eurer Vorbereitung nähern: Der heiligen Kommunion selbst. Ich möchte versuchen, Euch die Frage zu beantworten: Was ist eigentlich die hl. Kommunion?

Das Johannes-Evangelium berichtet uns folgende Begebenheit (Kap. 6, Verse 22-71): Jesus war mit seinen Jüngern in Kafarnaum, einem kleinen Städtchen am See Genezareth in Galiläa. Dort in dem jüdischen Gebetshaus, das man „Synagoge" nennt, hielt Jesus eine ganz bemerkenswerte Predigt. Die war so bemerkenswert, dass viele das, was er sagte, ablehnten. Sie wollten nicht glauben und ihm nicht mehr folgten. Er sagte dort: *„Wer mein Fleisch isst und mein Blut trinkt, hat das ewige Leben … Denn mein Fleisch ist wirklich eine*

Speise und mein Blut ist wirklich ein Trank … dies ist das Brot, das vom Himmel herabgekommen ist." Viele, die das hörten, waren geradezu empört. „*Wie kann er uns sein Fleisch zu essen geben*?" Das ist ja auch schwer zu begreifen. Doch Jesus blieb dabei und so gingen viele nicht mehr mit ihm. Sie sagten: „*Das, was er sagt, ist nicht zu ertragen!*" Und seine Apostel fragte er daraufhin, ob auch sie gehen wollen. Petrus gab dann für die zwölf die Antwort: „*Herr, zu wem sollen wir gehen? Du hast Worte des ewigen Lebens.*" So ganz konnte Petrus Jesus auch nicht verstehen, aber er wusste, dass Gott größer ist als sein Verstand, und so vertraute er Jesus.

Am Abend vor seinem Leiden nun, feierte Jesus mit seinen zwölf Aposteln das letzte Abendmahl. Und während dieses Mahles nahm er Brot und sagte: „*Das ist mein Leib.*" Und er nahm den Kelch mit Wein und sagte: „*Das ist mein Blut.*" Sicher erinnerten sich die Apostel an das, was Jesus vorher in der Synagoge in Kafarnaum gelehrt hatte. Durch die Worte Jesu – das ist mein Leib, das ist mein Blut – war das nun nicht mehr einfach Brot und Wein, sondern wirklich Leib und Blut Christi, wenn es auch weiterhin wie Brot und Wein aussah. Wir nennen das „Wandlung".

Am Ende dieses Mahles gab Jesus den Aposteln den Auftrag: „*Tut dies zu meinem Gedächtnis!*" Die Apostel sollten immer wieder Brot und Wein in Leib und Blut des Herrn wandeln durch die Worte, die er gesprochen hat:

„*Das ist mein Leib! – Das ist mein Blut*!" Und von Beginn an haben das die Apostel getan. Der Apostel Paulus erzählt uns davon in seinem ersten Brief an die Korinther. Und er mahnt die Christen, sich zu prüfen, bevor sie wirklich den Leib des Herrn empfangen, ob sie auch gut vorbereitet sind: „*Wer also unwürdig von dem Brot isst und aus dem Kelch des Herrn trinkt, macht sich schuldig am Leib und am Blut des Herrn.*"

Liebe Paula und liebe Laetitia, halten wir also fest, die heilige Kommunion ist nicht *irgendein* Stück Brot, das *irgendwie* heilig oder gesegnet ist. Dieses Stück Brot, das wir in der heiligen Messe auch „Hostie" nennen, ist durch die Wandlung wirklich Leib Christi und der Wein im Kelch durch Wandlung wirklich Blut Christi, auch wenn es noch immer wie Brot und Wein aussieht und schmeckt. Die heilige Kommunion, die in der heiligen Messe nicht ausgeteilt wird, wird in einen besonderen Schrank der Kirche aufbewahrt. Den nennen wir „Tabernakel". (Das kommt vom lateinischen Wort „Tabernaculum" und heißt „Zelt"). Eine rote Lampe, die wir „Ewiges Licht" nennen, weist in jeder katholischen Kirche darauf hin. Bevor Jesus zu seinem Vater heimgekehrt ist, versprach er den Jüngern: „*Seid gewiss: Ich bin bei euch alle Tage bis zum Ende der Welt.*" Jesus hat dieses Versprechen eingelöst. Er ist bei uns, er selbst in der heiligen Kommunion in der Gestalt des Brotes. Ist es nicht sehr schön zu wissen, dass in unseren Kirchen auch dann, wenn nicht die heilige Messe gefeiert wird, Jesus da ist, da bleibt, auf uns wartet und für uns da ist?! Und deshalb ist es schön, Jesus im Taber-nakel zu besuchen, ihn zu grüßen, ein wenig mit ihm zu sprechen.

Liebe Paula und liebe Laetitia, ich freue mich mit Euch, dass es gar nicht mehr solange dauert, bis Ihr selbst das erste Mal Jesus Christus in der heiligen Kommunion emp-fangen dürft.

Auf bald verbleibe ich mit herzlichen Grüßen
Euer Großonkel Dominik

9. Hl. Messe: Eins mit Jesus

Liebe Paula,
liebe Laetitia,

erneut herzliche Grüße aus Köln. Je näher es auf Eure erste hl. Kommunion zugeht, umso mehr freue ich mich mit Euch, denn ich versuche ja in den Briefen Euch ein wenig zu erklären, um was es bei der hl. Kommunion geht. Und indem ich das tue, wird mir selbst noch einmal neu klar, was für ein großes Geschenk die hl. Messe ist, was für ein großes Geschenk die hl. Kommunion ist.

Ich möchte deshalb heute mit Euch noch ein wenig den Ablauf der hl. Messe anschauen. Sie ist die wichtigste Feier der Kirche. Offiziell heißt sie „Feier der heiligen Eucharistie". Eucharistie heißt übersetzt „Danksagung". Die hl. Eucharistie ist deshalb die große Danksagungsfeier der Kirche für das, was Gott durch seinen Sohn Jesus Christus alles an uns getan hat und immer weiter tut. Ein weiteres Wort für die Feier der Eucharistie ist das Wort „Hl. Messe". Das kommt aus dem Lateinischen. Im lateinischen Text endet die Eucharistiefeier mit dem Ruf des Priesters: „Ite missa est!": wörtlich „Geht, es ist Sendung!" Im deutschen Text heißt es „Gehet hin in Frieden!" Jedenfalls ist aus diesem letzten Wort „missa" die Bezeichnung für die gesamte Eucharistiefeier geworden: „Heilige Messe" oder kurz „Messe".

Die hl. Messe hat zwei große Teile: den Wortgottesdienst und die (eigentliche) Eucharistiefeier. Es gibt noch zwei kleinere Teile. Vor dem Wortgottesdienst ist die Eröffnung, in der wir uns auf das vorbereiten, was kommt. Und nach der Eucharistiefeier ist der Abschluss, in dem wir Gott noch einmal danken für das, was geschehen ist und durch die Hand des Priesters Gottes Segen empfangen. Aber richten wir unseren Blick auf die beiden großen Teile: Wortgottesdienst und Eucharistiefeier.

Im Wortgottesdienst hören wir Lesungen aus dem Alten und dem Neuen Testament und vor allem einen Text aus dem Evangelium. Wir hören also Gottes Wort und das, was Jesus uns lehrt. Aber Jesus hat ja nicht nur zu uns Menschen geredet, er hat sehr viel Gutes getan, Wunder gewirkt und am Ende durch das Kreuz und die Auferstehung Sünde und Tod besiegt. Diese große Taten Jesu sind Inhalt der Eucharistiefeier. Wir denken nicht nur an das, was Jesus getan hat, wir erfüllen seinen Auftrag vom letzten Abendmahl „Tut dies zu meinem Gedächtnis" und so werden Brot und Wein in den Leib und das Blut Christi gewandelt. Nach dem Vaterunser und einigen anderen Gebeten kommt dann die Kommunionausteilung, in der die, die vorbereitet sind, die hl. Kommunion empfangen dürfen. Hier begegnen wir Christus selbst wie nirgends sonst.

In jeder hl. Messe also feiern wir Gottes Wort und Gottes Taten. Und Jesus kommt selbst zu uns in der Gestalt des Brotes. Dieses Geheimnis hat ein großer Heiliger, der hl. Thomas von Aquin, so zu erklären versucht: *„Einst am Kreuz verhüllte sich der Gottheit Glanz, hier ist auch verborgen deine Menschheit ganz. Beide sieht mein Auge in dem Brote hier. Wie der Schächer ruf ich Herr um Gnad zu dir."* Der hl. Thomas wollte damit sagen: Als Jesus am Kreuz hing, sah man nur noch einen leidenden Menschen und nichts mehr von seiner göttlichen Kraft, die Wunder gewirkt und Tote auferweckt hat. Die Gottheit Jesu war sozusagen versteckt. Obwohl sie natürlich auch noch am Kreuz da war. Jetzt in der Gestalt des Brotes ist auch noch seine Menschheit versteckt. Gottheit und Menschheit sind versteckt, verborgen. Wir können sie nicht sehen, und doch sind sie da. Als Jesus gekreuzigt wurde, hing neben ihm ein Verbrecher. Der hat Jesus gebeten, mit ihm in den Himmel kommen zu dürfen. Und das wollen wir mit ihm auch selbst tun.

Warum nur macht Jesus sich so klein, dass wir ihn selbst als Stück Brot empfangen dürfen? Ich mache mir das immer so klar: Liebe Paula und liebe Laetitia, wenn Ihr einen Menschen gern habt, dann wollt Ihr mit ihm zusammen sein, zum Beispiel mit Euren Eltern, mit Euren Geschwistern. Und Ihr freut Euch, wenn Mama und Papa Euch in den Arm nehmen, Euch „drücken". Damit zeigen sie Euch: Wir haben Euch gern, wir sind froh, dass Ihr da seid, wir wollen ganz mit Euch zusammen sein. Jesus geht nun einen Schritt weiter. Er umarmt uns nicht nur, sondern er gibt sich uns selbst zu essen. Er will ganz in uns sein, damit wir ganz in ihm sein können. Größer kann eine Liebe nicht sein – oder?!

Deshalb ist die hl. Messe so wichtig. Dort geschieht etwas, was wir uns selbst nicht machen können. Dort schenkt sich uns Jesus Christus, und zwar wirklich und ganz und gar. Vielleicht kommen Euch manchmal die Lieder blöde und die Predigt langweilig vor. Eigentlich ist es gar nicht so wichtig, denn in jeder hl. Messe will Dich Jesus umarmen. Er freut sich riesig, bei dir zu sein. Für dieses Geschenk lohnt es sich sogar, sich in manchen Momenten der Messe zu langweilen ☺.

Auf bald grüße ich Euch, Eure Eltern und Geschwister ganz herzlich

Euer Großonkel Dominik

10. Heilige Zeichen

Liebe Paula,
liebe Laetitia,

herzlich grüße ich Euch aus Köln mit diesem 10. Brief an Euch. Ich habe Euch in diesen Briefen etwas erzählt von der Geschichte Gottes mit den Menschen, von der Heiligen Schrift, von den Worten und Taten Jesu, von seinem Tod und seiner Auferstehung und dann vor allem auch von seinen großen Geschenken der heiligen Beichte und der heiligen Eucharistie. Bei all dem ist wichtig: Jesus möchte mit Dir, liebe Paula und mit Dir, liebe Laetitia, eine echte und immer tiefer werdende Freundschaft eingehen. Das möchte er nicht nur gerne, darauf freut er sich geradezu. Wenn wir die hl. Messe feiern, den wichtigsten Gottesdienst, den wir in der katholischen Kirche haben, dann feiern wir damit ja auch die besondere Freundschaft zwischen Christus und uns.

Wenn Du eine gute Freundin oder einen guten Freund hast, dann lebt diese Freundschaft davon, dass ihr zusammen seid und miteinander redet. Und wenn man sich trifft, dann gibt man sich vielleicht die Hand oder umarmt sich, man lächelt einander zu, sagt „Guten Tag" oder „Hallo" oder ähnliches. Wenn man sich unterhält, dann schaut man sich in die Augen, man bemüht sich zuzuhören (und quasselt nicht einfach dazwischen). Und wenn man selbst redet, möchte man auch, dass der Freund/die Freundin zuhört. Ihr seht, es gibt eine ganze Reihe kleiner Zeichen (Handschlag zur Begrüßung, Blickkontakt, Schweigen, Zuhören …), die zur Freundschaft dazu gehören. Das ist mit der Freundschaft mit Jesus nicht anders. Wenn wir gemeinsam die hl. Messe feiern, dann gibt es auch eine Reihe von Zeichen, die einen Sinn haben. Sie wollen uns helfen, mit Jesus gut umzugehen, und uns selbst daran erinnern, welch großen Freund wir hier haben.

Wenn wir zum Beispiel eine Kirche betreten, dann nehmen wir aus dem Weihwasserbecken ein wenig Weihwasser und bekreuzigen uns mit den Worten „Im Namen des Vaters und des Sohnes und des Heiligen Geistes". Das erinnert uns daran: „Ich bin getauft und gehöre zur Familie Jesu und hier in dieser Kirche ist Jesus Christus der Hausherr. Ihn begrüße ich mit dem Kreuzzeichen".

Wenn ich dann in eine Bank gehe, setze ich mich auch nicht sofort hin, sondern knie mich erst kurz, um den Hausherrn, „Jesus Christus", der ja im Tabernakel immer da ist, zu begrüßen, zum Beispiel mit den Worten: „Herr Jesus, ich glaube, dass du hier bist. Ich danke dir, dass du für mich da bist und bitte dich um Schutz für mich und alle, die mir lieb sind." So oder ähnlich, es können auch ganz andere Worte sein, kannst Du kurz beten, bevor Du Dich hinsetzt.

Bei manchen Teilen der hl. Messe stehen wir. Stehen ist ein Zeichen von Bereitschaft. Wenn ich stehe, kann ich z. B. viel schneller loslaufen, als wenn ich sitze. Wir stehen beim Evangelium, um damit einerseits Respekt vor Jesus Christus selbst zu zeigen, aber auch um deutlich zu machen: Ich bin bereit, das zu tun, was Jesus mir im Evangelium sagt.

Dann gibt es das Sitzen. Wir sitzen vor allen Dingen bei den Lesungen des Alten und Neuen Testamentes und bei der Predigt, aber auch bei der Gabenbereitung. Wenn wir sitzen, sind wir entspannt und es fällt uns leichter zuzuhören.

Dann gibt es noch das Knien. Das tun wir vor allen Dingen während des etwas längeren Wandlungsgebetes. Wir nennen es auch „Hochgebet". Während des Hochgebetes werden Brot und Wein in den Leib und das Blut Christi gewandelt. Knien sagt aus: Ich mache mich klein vor dem großen Gott. Damit zeige ich mir selbst: Ja, vor dem großen Gott bin ich klein. Ich brauche seine Hilfe, seine Orientierung, seinen Rat, seinen Beistand, seine Liebe. Ich brauche ihn jeden Augenblick. Knien ist auch ein Zeichen dafür, dass ich großen Respekt vor Gott habe, und ich weiß, dass er unendlich viel größer ist als ich. Und weil das so ist, bin ich umso froher, dass sich Gott uns in seinem Sohn Jesus Christus gezeigt hat. Respekt, Staunen, Bewunderung vor dem großen Gott wird durch das Knien verdeutlicht. Diese Haltung nennen wir auch „Ehrfurcht".

Manchmal werde ich gefragt, wie man denn möglichst gut und andächtig zum Beispiel das große Wandlungsgebet erleben kann. Ich glaube, es ist zunächst wichtig zu versuchen, ganz still zu sein und gut zuzuhören. Wenn die Wandlungsworte durch den Priester gesprochen werden (Das ist mein Leib – das ist mein Blut), dann erhebt der Priester für einen Moment in Stille zunächst die Hostie und dann den Kelch. Als ich zur ersten heiligen Kommunion ging, hat uns unser Pfarrer einen Tipp gegeben, den ich mir bis heute zu Herzen genommen habe. Wenn die Hostie gehoben wird, sollten wir im Stillen beten: „Das ist der Leib unseres Herrn Jesus Christus, der für uns am Kreuz geopfert worden ist." Bei der Erhebung des Kelches sollten wir beten: „Das ist das Blut unsers Herrn Jesus Christus, das für uns am Kreuz vergossen worden ist." Diese beiden kurzen Sätze sind ein Bekenntnis für mich selbst. Sie erinnern mich, was hier geschieht. Ich glaube, es lohnt sich noch heute, diese beiden Sätze auswendig zu lernen und dann in Gedanken bei der Wandlung zu sprechen.

Liebe Paula, liebe Laetitia, Ihr seid ja schon geübt in der Mitfeier der hl. Messe. Darüber freue ich mich ganz besonders. Vieles von dem, was ich Euch geschrieben habe, wisst Ihr wahrscheinlich ohnehin schon längst. Aber es hat Euch vielleicht noch einmal das eine oder andere in Erinnerung gebracht. Ich wünsche Euch, dass Ihr immer tiefer und fester in die Freundschaft mit Jesus hineinwachst. Jesus freut sich über Euch, das weiß ich. Ihr habt nun allen Grund, Euch über Jesus zu freuen, der Euch bald so nahe kommt, wie es sich näher nicht vorstellen lässt. Ich begleite Euch weiter mit meinem Gebet und segne Euch von Herzen.

Herzlich grüßt Euch und Eure Familie
Euer
Großonkel Dominik